# PUEDO NADAR

Marla Conn y Alma Patricia Ramirez

Rourke
Educational Media

A Division of
Carson Dellosa Education

# Glosario de fotografías

 pato

 pez dorado

 oso polar

**hipocampo**

**tortuga**

**ballena**

Un **pato** puede nadar.

pato

Un **oso polar** puede nadar.

oso polar

Una **ballena** puede nadar.

ballena

9

Un **pez dorado** puede nadar.

pez dorado

Un **hipocampo** puede nadar.

hipocampo

Una **tortuga** puede nadar.

tortuga

# Actividad

1. Menciona todos los animales de la historia que pueden nadar.

2. Crea una tabla con la idea principal y los detalles en una hoja de papel.

3. Habla de dónde nadan los diferentes animales.

4. Registra los diferentes hábitats en el agua: océano, mar, estanque, lago, ártico, pantano.

5. Escribe una oración y haz un dibujo de uno de los animales de la historia.

   Un_____ puede nadar en_____.